人文·地理篇

新光传媒◎编译

Eaglemoss出版公司◎出品

FIND OUT MORE

东亚和东南亚

石油工业出版社

图书在版编目（CIP）数据

东亚和东南亚/新光传媒编译. —北京：石油工业出版社，2020.3

（发现之旅. 人文·地理篇）

ISBN 978-7-5183-3322-6

Ⅰ. ①东… Ⅱ. ①新… Ⅲ. ①东亚－概况－普及读物②东南亚－概况－普及读物 Ⅳ. ①K931-49②K933-49

中国版本图书馆CIP数据核字（2019）第072678号

发现之旅：东亚和东南亚（人文·地理篇）

新光传媒　编译

出版发行：石油工业出版社

　　　　　（北京安定门外安华里2区1号楼　100011）

网　　　址：www.petropub.com

编 辑 部：（010）64523783

图书营销中心：（010）64523633

经　　销：全国新华书店

印　　刷：北京中石油彩色印刷有限责任公司

2020年3月第1版　2020年3月第1次印刷

889×1194毫米　开本：1/16　印张：5.5

字　　数：70千字

定　　价：32.80元

审 图 号：GS（2019）4600号

（如出现印装质量问题，我社图书营销中心负责调换）

版权所有，翻印必究

© Eaglemoss Limited, 2020 and licensed to Beijing XinGuang CanLan ShuKan Distribution Co., Limited
北京新光灿烂书刊发行有限公司版权引进并授权石油工业出版社在中国境内出版。

编辑说明

"发现之旅"系列图书是我社从英国Eaglemoss（艺格莫斯）出版公司引进的一套风靡全球的家庭趣味图解百科读物，由新光传媒编译。这套图书图片丰富、文字简洁、设计独特，适合8~14岁读者阅读，也适合家庭亲子阅读和分享。

英国Eaglemoss出版公司是全球非常重要的分辑读物出版公司之一。目前，它在全球35个国家和地区出版、发行分辑读物。新光传媒作为中国出版市场积极的探索者和实践者，通过十余年的努力，成为"分辑读物"这一特殊出版门类在中国非常早、非常成功的实践者，并与全球非常强势的分辑读物出版公司DeAgostini（迪亚哥）、Hachette（阿谢特）、Eaglemoss等形成战略合作，在分辑读物的引进和转化、数字媒体的编辑和制作、出版衍生品的集成和销售等方面，进行了大量的摸索和创新。

《发现之旅》（FIND OUT MORE）分辑读物以"牛津少年儿童百科"为基准，增加大量的图片和趣味知识，是欧美孩子必选科普书，每5年更新一次，内含近10000幅图片，欧美销售30年。

"发现之旅"系列图书是新光传媒对Eaglemoss最重要的分辑读物FIND OUT MORE进行分类整理、重新编排体例形成的一套青少年百科读物，涉及科学技术、应用等的历史更迭等诸多内容。全书约450万字，超过5000页，以历史篇、文学·艺术篇、人文·地理篇、现代技术篇、动植物篇、科学篇、人体篇等七大板块，向读者展示了丰富多彩的自然、社会、艺术世界，同时介绍了大量贴近现实生活的科普知识。

> **发现之旅（历史篇）：** 共8册，包括《发现之旅：世界古代简史》《发现之旅：世界中世纪简史》《发现之旅：世界近代简史》《发现之旅：世界现代简史》《发现之旅：世界科技简史》《发现之旅：中国古代经济与文化发展简史》《发现之旅：中国古代科技与建筑简史》《发现之旅：中国简史》，主要介绍从古至今那些令人着迷的人物和事件。

发现之旅（文学·艺术篇）：共 5 册，包括《发现之旅：电影与表演艺术》《发现之旅：音乐与舞蹈》《发现之旅：风俗与文物》《发现之旅：艺术》《发现之旅：语言与文学》，主要介绍全世界多种多样的文学、美术、音乐、影视、戏剧等艺术作品及其历史等，为读者提供了了解多种文化的机会。

发现之旅（人文·地理篇）：共 7 册，包括《发现之旅：西欧和南欧》《发现之旅：北欧、东欧和中欧》《发现之旅：北美洲与南极洲》《发现之旅：南美洲与大洋洲》《发现之旅：东亚和东南亚》《发现之旅：南亚、中亚和西亚》《发现之旅：非洲》，通过地图、照片和事实档案等，逐一介绍各个国家和地区，让读者了解它们的地理位置、风土人情、文化特色等。

发现之旅（现代技术篇）：共 4 册，包括《发现之旅：电子设备与建筑工程》《发现之旅：复杂的机械》《发现之旅：交通工具》《发现之旅：军事装备与计算机》，主要解答关于现代技术的有趣问题，比如机械、建筑设备、计算机技术、军事技术等。

发现之旅（动植物篇）：共 11 册，包括《发现之旅：哺乳动物》《发现之旅：动物的多样性》《发现之旅：不同环境中的野生动植物》《发现之旅：动物的行为》《发现之旅：动物的身体》《发现之旅：植物的多样性》《发现之旅：生物的进化》等，主要介绍世界上各种各样的生物，告诉我们地球上不同物种的生存与繁殖特性等。

发现之旅（科学篇）：共 6 册，包括《发现之旅：地质与地理》《发现之旅：天文学》《发现之旅：化学变变变》《发现之旅：原料与材料》《发现之旅：物理的世界》《发现之旅：自然与环境》，主要介绍物理学、化学、地质学等的规律及应用。

发现之旅（人体篇）：共 4 册，包括《发现之旅：我们的健康》《发现之旅：人体的结构与功能》《发现之旅：体育与竞技》《发现之旅：休闲与运动》，主要介绍人的身体结构与功能、健康以及与人体有关的体育、竞技、休闲运动等。

"发现之旅"系列并不是一套工具书，而是孩子们的课外读物，其知识体系有很强的科学性和趣味性。孩子们可根据自己的兴趣选读某一类别，进行连续性阅读和扩展性阅读，伴随着孩子们日常生活中的兴趣点变化，很容易就能把整套书读完。

目录 CONTENTS

东亚

中国…………………………… 2
蒙古…………………………… 18
朝鲜…………………………… 23
韩国…………………………… 28
日本…………………………… 34

东南亚

菲律宾………………………… 44
文莱…………………………… 49

马来西亚……………………… 51
印度尼西亚…………………… 56
新加坡………………………… 60
越南…………………………… 62
柬埔寨………………………… 66
老挝…………………………… 68
泰国…………………………… 70
缅甸…………………………… 75

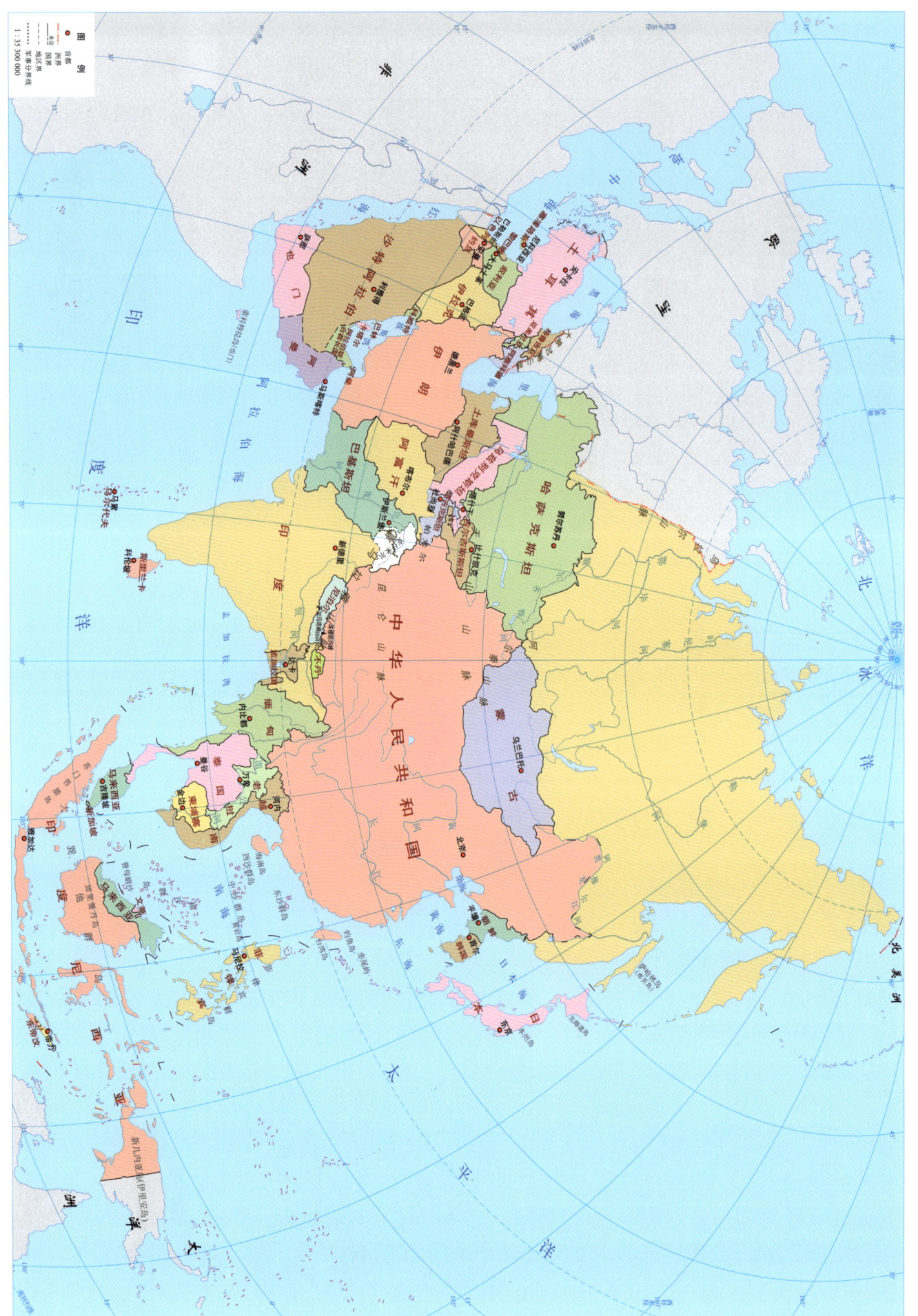

东 亚

中国

中国位于北半球亚洲大陆的东部，太平洋的西岸，有着大约960万平方千米的陆地和约473万平方千米的海域，是仅次于俄罗斯和加拿大的世界第三大国。这片广袤的土地是56个民族兄弟姐妹共同的家园。

中国的领土北起漠河北端的黑龙江主航道中心线，南到南沙群岛南端的曾母暗沙，跨纬度约50度；东起黑龙江与乌苏里江汇合处，西到帕米尔高原，跨经度约62度。

▲ 这片独特的石灰石景观位于中国的南方城市桂林。这些圆形的小山峰都是经过几百万年的侵蚀作用形成的。许多地下的岩洞也是以同样的方式被侵蚀出来的。

事实档案*

面积 陆地面积960万平方千米，内海和边海的水域面积约473万平方千米

人口 约13.7亿（据第六次人口普查资料）

首都 北京

政体 人民代表大会制度

语言 通用汉语，部分少数民族使用本民族的语言和文字

宗教 佛教、道教、伊斯兰教、天主教和基督教新教等

货币 人民币

---

* "事实档案"中国家和地区的面积、人口数据参考中华人民共和国外交部网站截至2019年10月的最新资料、《世界地图集》(中国地图出版社，2011)等。

▶ 中国的烹饪独具特色。美味不可独享，聚餐是中国饮食文化的特色之一。每逢节庆，全家人就会聚在一起，摆上一桌丰盛的饭菜，享受团圆之乐。酒席也是婚礼不可或缺的一部分。

中国的陆地边界长达 2.28 万千米，东邻朝鲜，北邻蒙古，东北邻俄罗斯，西北邻哈萨克斯坦、吉尔吉斯斯坦、塔吉克斯坦，西面和西南与阿富汗、巴基斯坦、印度、尼泊尔、不丹等国家接壤，南部与缅甸、老挝、相连。东部和东南部同韩国、日本、菲律宾、文莱、马来西亚、印度尼西亚隔海相望。

中国的大陆海岸线总长度为 1.8 万多千米。海岸地势平坦，有很多优良港湾，而且大部分是终年不冻港。中国大陆的东部和南部濒临渤海、黄海、东海和南海。内海和边海的水域面积约 473 万平方千米。渤海是中国的内海，黄海、东海和南海是太平洋的边缘海。

中国还是世界上岛屿最多的国家之一，大小岛屿约 7600 个，近 86% 分布在杭州湾以南的大陆近海和南海之中，其中最大的是台湾岛，其次是海南岛。位于台湾岛东北海面上的钓鱼岛、赤尾屿，是中国最靠东的岛屿。散布在南海上的岛屿、礁、滩总称南海诸岛，是中国最靠南的岛屿群，依照位置不同称为东沙群岛、西沙群岛、中沙群岛和南沙群岛。2012 年 7 月 24 日，中国政府建立海南省三沙市，管辖范围包含西沙群岛、中沙群岛、南沙群岛的岛礁及其海域。三沙市是中国地理纬度位置最南端的城市。

地形与地貌

中国地形多种多样，总趋势西高东低。各类地形占全国总面积的百分比是：高原约 33%，山地约 26%，盆地约 12%，平原约 19%，丘陵约 10%。通常所说的山区，包括山地、丘陵和比较崎岖的高原，约占全国面积的 2/3。地势自西向东可以分为三级阶梯。青藏高原平均海拔 4000 米以上，高原上山岭、宽谷并列，湖泊众多，是地势最高的一级，东亚、南亚各大河流多从这里发源。由青藏高原向北跨过昆仑山、祁连山，向东跨过横断山，地势迅速下降到海拔

▲ 上海是中国最繁华的城市之一，也是最富现代气息的国际化大都市。这里甚至有一条世界一级方程式大奖赛的赛道，吸引了成千上万的观众前来观看这项顶级赛事。图中是上海市著名的东方明珠广播电视塔。

1000～2000米的高原和盆地，这里是第二级阶梯，主要有地面崎岖的云贵高原、沟谷纵横的黄土高原、起伏和缓的内蒙古高原，以及山清水秀的四川盆地、沙漠广布的塔里木盆地、草原宽广的准噶尔盆地等；新疆天山山地中的吐鲁番盆地最低点为海拔–155米，是中国陆地上最低的地方，也是世界上的著名洼地之一。大兴安岭、太行山、巫山及云贵高原东缘一线以东，是海拔在1000米以下的丘陵和海拔200米以下的平原，这是第三级阶梯。东北平原略有起伏，华北平原辽阔坦荡，长江中下游平原湖泊众多。丘陵大多谷宽丘低，偶有奇峰高耸；山间林木葱郁，有许多著名风景区。近海平原海拔一般在50米以下，沿海及地下水位高的地方常有盐碱地分布。

中国的主要山脉有阿尔泰山、天山、昆仑山、喀喇昆仑山、祁连山、冈底斯山、喜马拉雅山、横断山、阴山、秦岭、南岭、大兴安岭、

◀ 大熊猫是一种毛色黑白相间的大型哺乳动物，体重可达135千克，靠吃嫩竹和竹笋为生，因数量稀少而十分珍贵，被视为中国的"国宝"，还被世界自然基金会选作会徽，成为世界野生动物保护的标志。

长白山等。喜马拉雅山略成弧形，位于青藏高原西南边缘，是世界最高大雄伟的山脉，其中珠穆朗玛峰海拔8844.43米，是世界第一高峰。

河流和湖泊

中国境内河流众多，流域面积在1000平方千米以上者多达1500余条。由于主要河流多发源于青藏高原，从河源到河口落差很大，因此中国的水力资源非常丰富，蕴藏量达6.8亿千瓦，居世界第一位。但西北部及干旱山区地表水贫乏，北方许多大中城市缺水严重。

河流分为外流河和内流河。中国境内注入海洋的外流河包括，向东流入太平洋的长江、黄河、黑龙江、珠江、辽河、海河、淮河等，向东流出国境再向南注入印度洋的雅鲁藏布江，向北流出国境注入北冰洋的额尔齐斯河等。流入内陆湖或消失于沙漠、盐滩之中的河流称为内流河，新疆南部的塔里木河是中国最长的内流河，全长约2137千米。

长江是中国的第一大河，全长约6300千米，仅次于非洲的尼罗河和南美洲的亚马孙河，是世界第三大河。其上游穿行于高山深谷之间，蕴藏着丰富的水力资源。长江也是中国东西方向

▲ 舢板是中国传统的水上交通工具，人们乘坐它旅行、打鱼，甚至长时间地生活在上面。直至今日，舢板在中国的一些地区仍在使用。

水上运输的大动脉,天然河道优越,有"黄金水道"之称。长江中下游地区气候温暖湿润、雨量充沛、土地肥沃,是中国重要的农业区。黄河是中国的第二大河,全长约5500千米。黄河流域农牧业发达,矿藏丰富,历史上曾经是中国古代文明的发祥地之一。黑龙江是中国北部的大河,全长约4350千米,其中有约3420千米流经中国境内。珠江为中国南部的大河,全长约2210千米。除天然河流外,中国还有一条著名的人工河,那就是贯穿南北的京杭大运河。它始凿于公元前5世纪,北起北京,南至浙江杭州,沟通海河、黄河、淮河、长江、钱塘江五大水系,是世界上开凿最早、最长的人工河流。

中国境内湖泊众多,长江中下游地区和青藏高原是湖泊最多的两个地区。长江中下游是淡水湖最集中的地区,主要有鄱阳湖、洞庭湖、太湖、洪泽湖等,其中江西省北部的鄱阳湖最大,面积为3583平方千米;青藏高原上主要分布着咸水湖,有青海湖、纳木错、色林错等,其中以青海省东北部的青海湖最大,面积达4583平方千米。

气候特征

中国的大部分地区位于北温带,气候温和,四季分明,适宜人类居住和生存。大陆性季风气候是中国气候的主要特点。每年9月至次年4月,干寒的冬季风从西伯利亚和蒙古高原吹来,寒冷干燥,南北温差甚大。每年的4月至9月,暖湿的夏季风从东部和南部海洋吹来,全国普遍高温多雨,南北温差甚小。降水量从东南向西北逐渐减少,各地年平均降水量差异很大,东南沿海可达1500毫米以上,西北内陆只有200毫米以下。山地对气温也有很大影响,如秦岭阻挡季风,使一岭之隔的关中平原和汉水谷地有迥然不同的气候特点。

土地和矿产

中国土地辽阔,耕地、林地、草地、荒漠、滩涂等在中国都有大面积分布。中国现有耕地约13492万公顷(据2016年第三次农业普查数据)。东北平原、华北平原、长江中下游平原、珠江三角洲和四川盆地是耕地分布最为集中的地区。中国的森林面积约为20305万公顷。东北地区的大兴安岭、小兴安岭和长白山区是中国最大的天然林区。其次是西南天然林区,主要树

◀ 这片油田位于新疆维吾尔自治区的塔克拉玛干沙漠中。塔克拉玛干沙漠位于塔里木盆地的中心,是世界上第二大流动沙漠,仅次于非洲的撒哈拉大沙漠。这里风沙强烈,气候干旱,环境十分恶劣。

▲ 图为北京的天安门广场。耸立在中央的是人民英雄纪念碑，是为了纪念在人民解放战争和人民革命中牺牲的英雄而建立的。碑上刻着毛主席的亲笔题词"人民英雄永垂不朽"八个大字。

种有云杉、冷杉、云南松等。云南省南部的西双版纳是中国少有的热带阔叶林区，森林植物多达 5000 余种，有"植物王国"之称。

中国的草地面积约为 40000 万公顷，实际经营的牧草场约为 22439 万公顷。在从东北绵延至西南的广阔草原上，分布着多个畜牧业基地。内蒙古草原是中国最大的天然牧场，出产著名的三河牛、三河马和蒙古绵羊。新疆天山南北也是中国重要的天然草场和牲畜良种基地，出产著名的伊犁马和新疆细毛羊。

中国的耕地、森林、草地面积的绝对数量均居世界前列，但是由于人口众多，按人口平均计算的相对数量却很少。尤其是耕地，不到世界人均水平的 40%。

世界上不少已知的矿产在中国都能找到，而且许多矿产的储量非常丰富。截至 2017 年年底，全国已经发现矿产 173 种，探明储量的矿产有 159 种，总储量居世界第三位。煤、铁、铜、铝、锑、钼、锰、锡、铅、锌、汞等主要矿产储量均居世界前列。其中煤炭主要分布在北部，尤以山西省和内蒙古自治区储量最为丰富。铁矿主要分布在东北、华北和西南地区。石油、天然气、油页岩、磷、硫等矿产资源也很丰富。石油主要蕴藏在西北地区，其次为东北、华北地区和东部沿海浅海大陆架。中国稀土金属的储量，比世界上其他国家的稀土总量还要多。

▲ 京剧是中国的传统艺术，至今仍然极受欢迎。京剧角色的行当划分比较严格，早期分为生、旦、净、末、丑、武行、流行（龙套）七行，后来归为生、旦、净、丑四大行。著名的京剧大师梅兰芳就是旦角演员。

▲ 在台湾花莲的丰年祭（丰收节）上，当地人正在表演传统的舞蹈。花莲县位于台湾东部，每年七八月，各部落的丰年祭都会吸引许多人前来观赏，这是花莲县最重要的人文盛事。

动物和植物

中国是世界上野生动物种类最多的国家之一,仅脊椎动物就有6266种,其中陆栖脊椎动物2404种,鱼类3862种,约占世界脊椎动物种类的10%。大熊猫、金丝猴、华南虎、褐马鸡、丹顶鹤、朱鹮、白鳍豚、扬子鳄等百余种中国特有的珍稀野生动物,闻名于世。

中国也是世界上植物资源最为丰富的国家之一。北半球寒、温、热各带植被的主要植物,在中国几乎都可以看到。木本植物有7000多种,其中乔木2800余种,水杉、水松、银杉、杉木、金钱松、台湾杉、福建柏、珙桐、杜仲、喜树等为中国所特有。中国的食用植物有2000余种;药用植物有3000多种,长白山的人参、西藏的红花、宁夏的枸杞、云南和贵州的三七等都是名贵药材;花卉植物种类极多,如牡丹、梅花、菊花等。

经济现状

中国现有的工业门类齐全、体系完整,拥有现代化技术的加工工业在国民经济中起主导作用。生铁、钢、原油、煤炭、电力、水泥、原木、硫酸、烧碱、化肥、塑料、化纤、棉布、糖、纸、电视等重要工业产品产量已进入世界前列。手工业历史悠久、技术精湛,玉雕、泥塑、刺绣、景泰蓝、瓷器等远销海内外。农业、种植业结构不断调整,粮油等主要农产品稳步增产。

民族大家庭

中国自古以来就是一个统一的多民族国家。中华人民共和国成立后,通过识别并经中央政府确认的民族共有56个。由于汉族以外的55个民族相对汉族人口较少,习惯上被称为"少数民族"。这55个少数民族的名单如下:

蒙古族、回族、藏族、维吾尔族、苗族、彝族、壮族、布依族、朝鲜族、满族、侗族、瑶族、白族、土家族、哈尼族、哈萨克族、傣族、黎族、傈僳族、佤族、畲族、高山族、拉祜族、水族、东乡族、纳西族、景颇族、柯尔克孜族、土族、达斡尔族、仫佬族、羌族、布朗族、撒拉族、毛南族、仡佬族、锡伯族、阿昌族、普米族、塔吉克族、怒族、乌孜别克族、俄罗斯族、鄂温克族、德昂族、保安族、裕固族、京族、塔塔尔族、独龙族、鄂伦春族、赫哲族、门巴族、珞巴族、基诺族。

台湾省

台湾省位于中国东南海域，东临太平洋，西隔台湾海峡与福建相望，南靠巴士海峡与菲律宾群岛接壤，北向东海。全岛总面积约 3.6 平方千米，是中国最大的岛屿，其中包括台湾本岛、澎湖列岛、钓鱼岛、赤尾屿、兰屿、火烧岛和其他附属岛屿共 88 个，为中国的"多岛之省"。台湾本岛南北长、东西狭，南北最长达 394 千米，东西最宽为 144 千米，呈纺锤形。

由于地跨温带与热带之间，所以台湾的气候和处于同一纬度的云南、广西和广东等地一样，属于热带和亚热带气候。但它四面环海，受海洋性季风调节，终年气候宜人，冬无严寒，夏无酷暑，四季树木葱茏。除高山地区外，台湾的年平均温度约为 22℃，一年四季温暖如春。台湾多雨湿润，年平均降雨量多在 2000 毫米以上。台湾是中国受台风影响最多的地区，它附近的海面是夏季台风的主要通道。每年 6—10 月是台风季节，其中 7—9 月最为频繁。

台湾的森林覆盖率达一半以上，出产各种名贵的木材。台湾的樟科树木居世界之首。用樟树提炼的樟脑和樟油，在医药和化学工业上用途很大，是台湾的一大特产，产量约占世界总产量的70%。台湾的渔业十分发达，鱼类多达 500 多种，其中以鲷鱼、鲔鱼、鲨鱼、鲣鱼、鲲鱼最多。目前主要开采的矿藏有煤、硫黄、金、铜和天然气等。

台湾自古以来就是中国的神圣领土，在中国古代的文献里，它先后被称为"岛夷""夷州""琉求"等。从三国时代开始，中国的封建王朝便逐渐开拓、经营台湾，到清光绪十一年（1885 年）正式建立行省。1894 年甲午战争后，台湾被日本侵占。1945 年中国人民抗日战争胜利后，中国政府重新恢复了台湾省的行政管理机构。1949 年中华人民共和国成立前夕，原在中国大陆的国民党当局退据台湾。1950 年朝鲜战争爆发，美国派遣第七舰队侵入台湾和台湾海峡，并于 1954 年同台湾当局签订《共同防御条约》，造成了台湾同祖国大陆分离的局面。

中国政府为了解决台湾问题，以"和平统一、一国两制"基本方针为指导，进行了长期不懈的努力。如今，海峡两岸的同胞都在期盼着早日实现国家统一。

位居世界前茅的主要农产品有粮食、棉花、糖料、油菜籽、花生、大豆、茶叶等，其中粮食作物所占比重最大。畜牧、渔业生产稳步发展，林业、水利建设取得了新的进展。畜牧业以牛、马、羊、猪的饲养为主，机械化饲养业正在蓬勃兴起。

中国是旅游大国，旅游资源极为丰富，仅世界遗产就有 30 多处。万里长城、故宫、京杭运河、森林公园、苏州园林以及海滨沙滩、出土文物、寺院禅林等闻名遐迩。每年国内旅游人数达 9 亿人次，入境游客达 1 亿人次。全国统一运输网初步建成，以铁路为骨干，水运、公路、航空等辅助配合。近年来，高速公路建设飞速发展，截至 2013 年年底，中国高速公路总里程已突破 10 万千米。

中国的行政区划

按照宪法规定,中国的行政区域划分如下:

(一)全国分为省、自治区、直辖市;

(二)省、自治区分为自治州、县、自治县、市;

(三)县、自治县分为乡、民族乡、镇。

直辖市和较大的市分为区、县。自治州分为县、自治县、市。自治区、自治州、自治县都是民族自治地方。宪法还规定"国家在必要时得设立特别行政区"。

目前中国共有北京、天津、上海、重庆4个直辖市,河北、山西、辽宁、吉林、黑龙江、江苏、浙江、安徽、福建、江西、山东、河南、湖北、湖南、广东、海南、四川、贵州、云南、陕西、甘肃、青海、台湾23个省,内蒙古、广西、西藏、宁夏、新疆5个自治区,香港和澳门2个特别行政区。

悠久的历史

中国历史悠久灿烂,是人类文明发祥地和世界四大文明古国之一。有文字记载的历史近4000年。中华民族各族人民的祖先共同创造了丰富多彩的远古文化,经历了漫长的原始氏族公有制社会。公元前2070年,从夏王朝建立起,进入奴隶社会。夏朝、商朝、周朝共经历1814年。在东周时期的春秋末战国初,即公元前5世纪左右,中国由奴隶社会进入封建社会。公元前230年至公元前221年,秦始皇先后灭掉韩、赵、魏、楚、燕、齐等诸侯六国,统一了中国,开创了中央集权的封建统治。后来又经历了汉、三国、晋、南北朝、隋、唐、五代、宋、辽、金、元、明、清王朝。

1840年鸦片战争后,中国逐步沦为半封建半殖民地社会。1851年的太平天国革命、1900年的义和团反帝爱国运动和1911

▲ 维多利亚港是香港最著名的港口,这里高楼林立,灯火璀璨的夜景,是来到香港的游客不可错过的景观。图为从太平山山顶拍摄的维多利亚港。

▲ 威风凛凛的"龙"和"虎"守护着通往台湾省高雄市莲花潭中两座塔的入口。两座塔合称"龙虎塔",参观者从龙口进入,从虎口出来,象征吉祥之意。

香港特别行政区

香港素有"东方明珠"之美誉，它位于中国东南海岸，珠江口之东，与广东省的深圳市毗邻，总面积为1104平方千米。香港由香港岛、九龙半岛、新界及众多离岛组成，香港岛和九龙半岛是香港政治、经济、文化、交通的中心区域。香港气候属亚热带海洋性气候，年平均气温为23.3℃。

截止到2017年，香港的人口总数约为739万，其中大约5%是外国人。香港特区的行政、立法、司法机关除使用中文外，还可以使用英文，中文和英文都是正式语言。广东话是香港的通用口语。

香港是亚太地区联络欧美及大洋洲的枢纽，商贸金融业发达，是全球重要的外汇市场和银行中心。香港的股票市场规模很大，在亚洲排名第三（2017年）。香港也是成衣、钟表、玩具、游戏、电子和某些轻工业产品的主要出口地，出口总值位列全球高位。香港的现代化气息浓郁，经济、通信、科技、交通、生活、娱乐都处于世界发展水平的前沿，尤为著名的是香港的电影业，它对世界电影业产生了广泛的影响。

香港自古以来就是中国的领土，1840年鸦片战争后被英国占领。经过和平谈判，香港于1997年7月1日回到了祖国的怀抱，同时成立中华人民共和国香港特别行政区。中国政府在香港实行"一国两制、港人治港、高度自治"的基本方针，保证了香港在政治、经济、文化、教育、科学技术和医疗卫生、体育等方面都享有充分的自由。

年的辛亥革命是中国近代史上旧民主主义革命时期三次重要的人民革命运动。辛亥革命推翻了清王朝的统治，结束了2000多年的封建帝制，建立了中华民国。

1921年中国共产党诞生，经过北伐战争、土地革命战争、抗日战争和解放战争，终于领导中国人民取得了新民主主义革命的伟大胜利，于1949年10月1日建立中华人民共和国，实行社会主义制度。1978年召开中共第十一届三中全会，实行改革开放，开始了社会主义建设的新时期，经济发展，政治稳定。1997年7月1日恢复对香港行使主权，1999年12月20日恢复对澳门行使主权。全国人民代表大会是最高国家权力机关，行使立法权。国家主席为国家元首，由全国人民代表大会选举产生。国务院是最高国家行政机关，实行总理负责制。

▲ 被葡萄牙统治过的痕迹折射在澳门的建筑上，比如这幢葡萄牙风格的公寓大楼。有些建筑的历史可以追溯到16世纪。

▲ 两列有轨电车在香港的街道上擦肩而过。左边列车的车头上标着终点站"跑马地"的字样,跑马地是香港最著名的赛马场之一。

▲ 这是澳门路环岛西北部的石排湾郊野公园。路环岛过去以渔业为主，也有一些船厂，但远远没有澳门半岛那么发达。不过随着澳门的整体发展，路环岛的发展也在加快。

澳门特别行政区

　　澳门位于广东省珠江口西岸，包括澳门半岛、氹仔岛和路环岛在内的澳门陆地总面积约为30.8平方千米。澳门属热带季风气候，温暖多雨。主要分冬夏两季，春秋短暂而不明显。全年1月最冷，平均气温为14.6℃，但最低气温仍在5℃以上；7月最热，平均气温为28.5℃，最热可达32℃。年降雨量达2013毫米。

　　截至2016年5月，澳门的总人口已达到约66.3万人。澳门的人口密度为世界之最，平均每平方千米有近2万人，其中澳门半岛的人口密度达每平方千米5万多人。澳门人口的96%以上为华人，其余为葡萄牙人和其他国籍的人士。

　　澳门的经济结构主要由出口制造业、旅游博彩业、金融业和地产建筑业构成。其人均国民生产总值居亚洲前列，被世界银行列为全球高人均收入的国家和地区之一。

　　和香港一样，澳门自古以来就是中国的领土。1553年，葡萄牙人通过贿赂广东地方官吏，获准在澳门码头停靠船舶进行贸易；1557年，葡萄牙人进入并开始聚居澳门；1840年鸦片战争后，葡萄牙人又乘清朝政府战败之机，相继侵占了澳门南面的氹仔岛和路环岛。

　　中国政府同样采取了谈判的方式和平解决了澳门问题。1999年12月20日，澳门回归祖国，中华人民共和国澳门特别行政区宣告成立。中国政府在澳门实行"一国两制、澳人治澳、高度自治"的基本方针。和香港一样，澳门也享有政治体制、经济体制、文化教育体制等方面的自主权。

在外交上，中国奉行独立自主的和平外交政策。主张互不干涉内政，以和平共处五项原则为指导处理国家关系。坚决反对任何制造"台湾独立""两个中国"和"一中一台"以及任何企图分裂国家主权和领土的图谋和言行。积极参与多边外交活动，坚决维护联合国宪章的宗旨和原则。截止到2018年8月，中国已经与全世界178个国家建立了外交关系。

蒙古

在中国和俄罗斯之间,有一个广袤的内陆国家——蒙古。在这片土地上,严酷的气候条件,令人叹为观止的山脉,一望无垠的大草原,以及浩瀚的沙漠,都吸引着无数世人的目光。

除了首都乌兰巴托,蒙古全国有21个省。国家大呼拉尔(一院制议会)是最高权力机关,行使立法权,它可以提议讨论内外政策的任何问题,有权修改法律,有权宣布总统和国家大呼拉尔及其成员的选举日期,有权罢免总统职务以及任免总理、政府成员等。

作为一个地广人稀的草原之国,它的平均人口密度是每平方千米不到两个人。蒙古的主要

▲ 在每年国庆节(7月11日),蒙古都要举行那达慕(节庆、游戏、聚会活动)。这场节庆活动大多在乌兰巴托举行,活动内容包括赛马、摔跤等。

蒙古

民族是喀尔喀蒙古族，约占全国总人口的80%，此外还有哈萨克族、杜尔伯特、巴雅特、布里亚特等15个少数民族等。从前，大约有40%的人口居住在乡下，但20世纪90年代以来，城市居民人口已占总人口的80%。它的农业人口主要是由饲养牲畜的游牧民们组成的。喇嘛教是蒙古的国教，此外还有一些居民信奉土著黄教和伊斯兰教。

无论是在城镇还是在乡村，许多人仍然按照传统的样式建造自己的家园。他们主要住在蒙古包里，那是一种用羊毛毯或者帆布做的白色圆形帐篷。这种帐篷有时也被称作"yurts"（这是它们的俄语名字）。

事实档案

面积 156.65万平方千米

人口 约320万

首都 乌兰巴托

政体 议会制共和制

语言 主要语言为喀尔喀蒙古语

宗教 主要信奉喇嘛教

货币 图格里克

> **大开眼界**
>
> **蒙古人的礼节**
>
> 蒙古人在社交场合施握手礼,但献哈达是最正统的礼节方式。蒙古人请让客人只以右手示意,即施请安礼。请安时男子单曲右膝,右臂自然下垂;女子施礼则双膝弯曲。

▲ 在这面用来庆祝国庆的旗帜上,是蒙古的革命英雄苏赫巴托尔的画像。他曾是蒙古军队的总指挥,后来出任蒙古军事部长,于1923年去世。

▲ 1586年,在成吉思汗的一名家族成员阿富特汗的带领下,额尔登尼祖庙建成。这是蒙古的第一个佛教中心。在其鼎盛时期,约有100间圣殿,能容纳1000名常住僧人。

地理和气候

蒙古是亚洲中部的内陆国家。它地处蒙古高原,北与俄罗斯为邻,在东、南、西三面与中国交界。在它的西部、北部和中部,大多都是山地,它的东部是丘陵和平原,那里有一望无垠的天然牧场。它的南部是戈壁沙漠。

蒙古的山地间有很多的溪流和湖泊。主要河流是色楞格河及其支流鄂尔浑河。在它的境内,有大小湖泊3000多个,总面积达1.5万多平方千米。蒙古属于典型的大陆型气候,在冬季它的最低气温可至 –50℃,在夏季它的最高气温可达40℃以上。

农业和工业

蒙古的地下资源丰富,有80多种丰富的矿藏,如煤、铜、钨、萤石、金、银、钼、铝、锡、铁、铅、锌、铀、锰、磷、盐、石油等。其中额尔登特铜钼矿已被列入世界十大铜钼矿之一,位居亚洲同类企业之首。它的森林覆盖率约为8%,木材蓄积量为12亿立方米。畜牧业是蒙古传统的经济部门,也是国民经济的基础。它的工业以轻工、食品、采矿和燃料动力业为主。它的主要出口产品有铜钼精矿、羊毛、山羊绒、地毯和其他畜牧产品等;主要进口商品有机器设备、燃料油和日用品等。

蒙古的野生动物

蒙古是许多野生动物的家园。骆驼、熊和西伯利亚野山羊主要生活在戈壁地区;猞猁和雪豹主要出没于阿尔泰山地区;狼、鹿和野猪在北部森林里漫步;草原上有很多土拨鼠和老鼠。蒙古还是观鸟者的乐园。在它的湖泊、河流旁,鹳、野鸭和山鹑随处可见。猫头鹰、布谷鸟和很多别的鸟类都栖息在北部的森林里。

从20世纪90年代开始,蒙古政府开始注重保护自然资源,并采取一系列措施拯救濒危的野生动物。特别是戈壁熊、野马和野骆驼等濒危野生动物。它现在还是世界上野马最多的国家。野驴被列入世界红皮书。在蒙古野生动物中,数量最多的是黄羊,全世界有黄羊100多万只,而在蒙古的就达80多万只。

蒙古的历史

蒙古民族有数千年的文化历史。在 1206 年，成吉思汗统一大漠南北，建立了统一的蒙古汗国。1271 年成吉思汗的孙子忽必烈定国号为元。1279 年，蒙古军南下灭掉南宋，建立了元朝。元朝在中国历史上，一直持续到 1368 年。1911 年，在中国内乱外患之时，蒙古王公在沙俄的支持下宣布"自治"，后在 1919 年放弃。1921 年，蒙古人民革命成功，成立了君主立宪政府。1924 年废除君主立宪，成立蒙古人民共和国。1949 年 10 月 16 日，蒙古与中国建交。

朝鲜

朝鲜位于亚洲东部,朝鲜半岛北部,它的北边与中国为邻,东北和俄罗斯接壤,东临日本海,西南接黄海,南部以军事分界线与韩国相邻。图们江和鸭绿江将朝鲜与中国分开。

朝鲜是一个多山的国家,自然资源丰富,环境比较优美。全国最有名的山是位于北部中心地区的狼林山,山上长满了松树、橡树和火红的枫树。最高峰是将军峰,海拔2749米。朝鲜面积最大的低地位于平壤西南部,仅有20%的人口居住在那里。

▲ 大同江是朝鲜第五大江,发源于狼林山脉,流经平壤,汇入西朝鲜湾。大同江水清如玉,两岸景色宜人。图中的大同江笼罩在一片暮色当中,显得格外迷人。

◤ 这群朝鲜女学生正在横穿马路。她们的身后是巨大的运动员雕像，建筑物的墙上还张贴着运动员们获胜的画像。朝鲜实行12年制义务教育，学生所有的活动和学习费用都由国家承担。学生毕业后可以直接就业，因为他们在学校里已经接受了相关的劳动技能训练。

▶ 这是朝鲜的传统美食——冷面，它是朝鲜人最为喜爱的食品之一。朝鲜冷面制作非常精细，面条特别筋道，汤水较多，色泽鲜艳，口味比较清淡。

朝鲜属于从海洋性气候向大陆性气候过渡的温带季风气候。夏季高温多雨，气温最高可以达到30℃；冬季寒冷干燥，气温最低会降到-10℃。

生活在朝鲜的鸟类主要有鹰、沙锥鸟和苍鹭。冬天，日本鹤会飞到朝鲜的东、西海岸线附近过冬，那时，人们经常会看到它们优美的身影。

朝鲜的经济

朝鲜的森林、水力和矿产资源都比较丰富，其中石墨、菱镁矿的储量居世界前列，铁矿及铝、锌、铜、金、银、石棉的储量也比较丰富。朝鲜重要的工业部门有采矿、冶金、机械、电力、纺织、化工等。它的农业以种植水稻、玉米为主，产量大约各占粮食总产量的一半。此外，这里还盛产苹果和梨，高丽人参享誉世界。

朝鲜的历史

朝鲜和韩国曾经有着共同的历史。公元前5世纪，这里就出现了奴隶社会。1世纪左右，又有多个封建国家在这里诞生。7世纪时，新罗统一了朝鲜。918年，王建建立了高丽王朝。1392年，李成桂建立了李氏王朝，将国号定为"朝鲜"。1910年，它不幸沦为日本的殖民地，直到1945年8月15日才获得

事实档案

面积 12.3万平方千米
人口 约2500万
首都 平壤
语言 朝鲜语
货币 朝鲜元

▲ 首都平壤是全国铁路交通枢纽。每天,这里所有的街道都要被清扫一遍;每周,这些街道还要被冲洗两次。因而,汽车在进入这个城市之前,必须先清洗干净。

解放,但被分为了南、北两个部分。1948年9月9日,北部地区成立了朝鲜民主主义人民共和国。1950—1953年爆发了朝鲜战争。1949年10月6日,它正式与中国建立了外交关系。

朝鲜的传统美食

冷面是朝鲜著名的传统主食。一年四季,朝鲜很多家庭都吃冷面。朝鲜冷面以荞麦粉为主要原料,面条轧好煮熟后,先用凉水浸凉,然后加上牛肉、鸡蛋、梨丝、狗肉汤等佐料。这种冷面吃起来清凉爽口、甜里带酸、开胃提神。

在节庆、结婚、老人寿诞等重要的日子里,打糕是朝鲜人餐桌上必不可少的美食。制作打糕时,要先把糯米蒸熟,然后放到木臼或石臼里用木槌反复捶打,大约半个小时之后取出,再切成自己喜欢的形状,最后裹上一层熟豆面粉就可以吃了。打糕的味道尤为清香,吃起来黏润可口。

辣白菜是一道朝鲜特色菜。每年一到白菜成熟的时候,无论农村还是城镇,家家都要腌制辣白菜。它的调料主要有辣椒、大蒜、生姜、白梨、苹果梨、青萝卜丝等,营养比较丰富。辣白菜味道清香,还有解酒、帮助消化和增加食欲等功效,因而成为朝鲜人日常饮食中不可缺少的美食。

韩国

韩国的海岸线凹凸不平,拥有世界上最高的潮汐带。

事实档案

面积	10.33 万平方千米
人口	约 5200 万
首都	经济首都:首尔 行政首都:世宗
政体	共和制
语言	韩语
宗教	佛教、基督教新教、天主教等
货币	韩元

韩国位于朝鲜半岛南部,地形以山岭为主,有许多小型山谷和狭窄的沿海平原。它东临日本海,西临黄海,环绕在岛南顶端的朝鲜海峡,将韩国与其邻邦日本分隔开来。北部以军事分界线与朝鲜民主主义人民共和国相邻。

沿东海岸纵贯半岛南北的太白山脉(太白山)是半岛上的主要山脉。汉江、锦江和洛东江是韩国的三条主要河流,

▲ 人们聚集在曹溪寺庆祝佛诞日。它是首尔唯一的一座重要寺庙,也是韩国佛教曹溪宗的总部。在太阴月(月亮从朔到望,或从望到朔的时间,望指满月,朔指我们看不到月亮任何一点。约 29.5 天)的第 8 天,人们聚集在一起观看美妙的纸灯笼展。

分别流经太白山。韩国西部的山势沿海岸线由北向南渐渐低缓。韩国最著名的岛是济州岛，坐落在济州岛上的汉拿山高达1950米，是韩国的最高峰。

韩国的气候变化极为悬殊。冬天受北方西伯利亚寒流的影响，寒冷干燥；夏天，一年一度的南方季风使天气炎热多雨。由于工业快速发展和对树木的砍伐，曾经在韩国很常见的野生动物，包括老虎、美洲豹、熊和猞猁等，现在只在偏僻的地区才能看到。不过，韩国的政府和人民现在很重视环境，并大力种植树木。韩国最常见的树种是松树、橡树和冷杉。

经济和历史

韩国大约有20%的土地适于耕种，主要分布在海岸附近及山谷周围。用作耕种的农田大致有两类，一类是用于种植主要农作物水稻的灌溉农田，另一种是用于种植大麦、小麦、大豆和小米的山地农田（旱田）。渔业是韩国的重要产业之一，它不仅为韩国人民提供了重要的蛋白质食品，而且是优良的出口商品。但是韩国自然资源匮乏，主要的矿产资源铁、无烟煤、铅、锌、钨等，储藏量都较少。

工业，如纺织业、化工业和汽车制造业，是韩国经济的支柱产业。现代化造船业生产的船舶零件，已出口到世界各地。

大事记

公元前5世纪
朝鲜半岛出现奴隶社会

1世纪左右
朝鲜半岛上有了封建国家

7世纪
新罗统一朝鲜

918年
高丽王朝建立，朝鲜半岛统一

1392年
李成桂建立朝鲜王朝，取国号"朝鲜"

1910年
朝鲜半岛沦为日本殖民地

1945年8月15日
日本投降，朝鲜半岛解放，苏联和美国军队以三八线（北纬38度）为界，分别进驻朝鲜半岛北部和南部

1948年8月15日
朝鲜半岛南部宣告成立大韩民国

1987年
韩国通过新宪法

1991年
韩国加入联合国

1992年8月24日
韩国与中国建交

你知道吗？

韩国迁都世宗市

韩国世宗市于2012年7月2日正式成立。按照韩国政府的规划，将作为"行政首都"，并于2014年之前完成迁移。首尔市今后则主要承担"经济首都"的职能。

几十年来，韩国人口和经济力量向首尔过分集中，经济发展不平衡现象更加突出。迁都可以缓解首尔压力，平衡各地的发展水平。

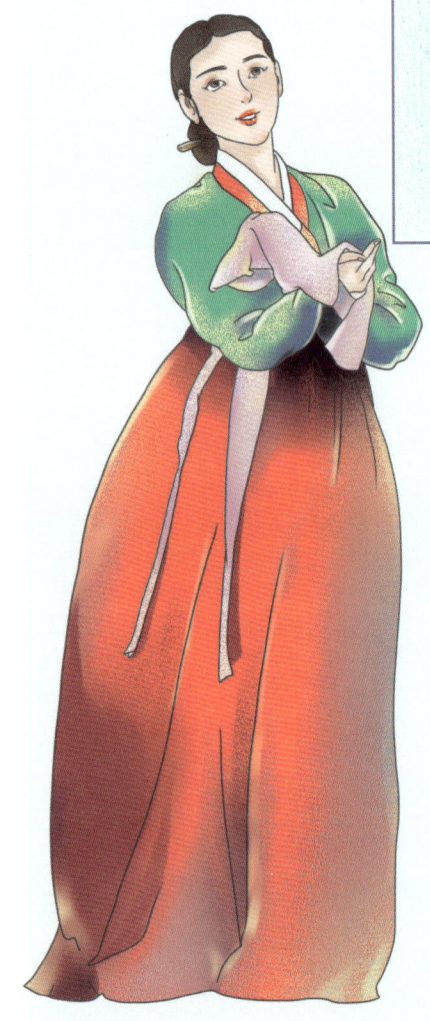

◀ 这是韩国传统女性服饰。韩国服饰最初主要是受到了中国唐代服饰的影响。唐代时，新罗与唐朝交往非常密切，韩国服饰几乎与唐朝无异。韩国传统服饰的个性发展开始于李氏朝鲜中期。从那以后，韩国服饰，特别是女装，逐渐向高腰、襦裙方向发展。

1世纪，朝鲜半岛形成高句丽、百济、新罗三个古国。7世纪中叶，新罗在半岛占据统治地位。10世纪初，高丽取代新罗。14世纪末，李氏王朝取代高丽，定国号朝鲜。1910年，朝鲜沦为日本殖民地。1945年8月15日朝鲜获得解放。同时，苏联和美国的军队以北纬38度为界分别进驻朝鲜的北部和南部。1948年8月，大韩民国成立。

韩国文化艺术

韩国是一个历史悠久的国家，在漫长的岁月中创造了自己灿烂的民族文化。这个国家的绘画、书法、版画、工艺、装饰等，都很有特色。一方面，它们继承韩国的民族传统风格；另一方面，又将其他国家的美术特长融入其中。韩国的绘画分为东洋画和西洋画，其中东洋画类似于中国的国画，它是借助笔、墨、纸、砚等材料，来表现各种主题。书法在韩国也是一种高雅的艺术形式。韩字书法的渊源是中国的汉字书法，但韩字书法有其自身特点，具有独特的民族特色。

韩国现代音乐可分为民族音乐和西洋音乐两种。民族音乐又可分为"雅乐"和"民俗乐"。雅乐是韩国历代封建王朝在宫廷中举行祭祀、宴会等各种仪式时，由专业乐队演奏的音乐，通称"正乐"或"宫廷乐"。此外还有民俗乐，包括杂歌、民谣、农乐等。常见的韩国

▲ 鱼市上，一位韩国妇女坐在干鱼摊边。韩国人喜欢吃鱼，并经常将鱼和肉掺在一起做汤或炖着吃。其中有一种鳕鱼汤，味道非常好。

▲ 釜山是韩国第二大城市，也是韩国的主要海港。釜山位于朝鲜半岛的东南角，气候宜人。现代建筑与雄伟的群山遥遥相望，赫然耸立在城市各处。

▲ 首尔（Seoul）在韩语中的意思是首都，也就是韩国最大、最重要的城市。由于曾经多次遭到毁坏，所以城市中既有旧式建筑，也有现代建筑。

乐器有玄琴、伽耶琴、杖鼓、笛等。

舞蹈和戏剧在韩国艺术中也占有重要地位。韩国舞蹈以民族舞和宫廷舞为中心，而且非常重视舞者肩膀、胳膊的韵律，舞蹈道具有扇、鼓及花冠。韩国戏剧起源于早期的宗教仪式，从最初的"处容舞"（一种含有戏剧性因素的舞蹈，并不是完全的戏剧）、假面剧、木偶剧等传统戏剧，到"新剧"运动后出现的现代戏剧，韩国戏剧经历了漫长的发展史，一些传统戏剧形式也几经波折，最终还是存留下来，成为韩国的经典民族艺术。

日本

粉嫩的樱花深受日本国人和各地游客的喜爱。日本的公园里、街道两侧遍布着樱花树，每年3月到5月，日本的空气中就会充满樱花芬芳的香气。赏樱是日本一年一度的盛事，也是日本最具传统特色的节日之一。

日本也被称为"日出之国"，意思是太阳升起的地方。日本位于亚洲东部、太平洋的西侧，它是一个岛国，由北海道（面积78073平方千米）、本州（面积227414平方千米）、四国（面积18256平方千米）、九州（面积36554平方千米）四个大岛以及3000多座小岛组成，海岸线约长30000千米。

位于日本中部的本州岛是日本最大的岛屿，约80%的日本人都居住在这里。日本的主要城市在本州岛的南部地区，包括首都东京。东京的人口总数高达1299多万，是世界上最大的城市

▲ 日本被誉为"樱花之国"，虽然这些樱花只在春天绽放很短的时间，但是日本的樱花树已经被引进到了世界上许多其他国家。

▲ 两个女孩为庆祝"七五三"节盛装打扮。这个节日是为七岁的女孩、五岁的男孩和所有三岁的儿童而设立的。

之一。

与日本海和本州岛相对的是四国,它是日本的主要农作物产地,主要生产水稻。在这四座岛屿中,位于最南端的是九州岛,据说最初的日本人就定居在这里。本州岛北部是北海道,它在日本的四座主要岛屿中气候最寒冷,人口也最少。

日本南北气候差异显著。在北方,冬天寒冷多雪,夏季很短,而南方的气候炎热潮湿。日本的降雨量通常很大,每年6月到7月间通常会有持续六周的梅雨季节。每年夏末和初秋时分,来自太平洋的台风会横扫日本,会对人口稠密的沿海地区造成大范围的破坏。

地震也是日本经常面对的危险。在1923年,关东大地震几乎摧毁了东京和横滨的大部分地区,有十余万人死于这次地震。另一场大地震发生在1948年,这次地震几乎摧毁了位于本州西

▼ 一辆子弹列车正疾驰过山顶积雪的富士山。这种列车得名于它的外形,行驶速度高达每小时275千米。

大事记

公元前 660 年
传说中的第一位日本天皇神武天皇开始统治日本

公元前 645 年
大化革新，建立以天皇为绝对君主的封建中央集权体制

12 世纪末
日本进入幕府统治时期

1637 年
日本幕府禁止对外贸易

1854 年
日本政府被迫开放对外贸易港口

1868 年
日本实行"明治维新"

1894 年
日本对中国发动甲午战争

1939 年
第二次世界大战爆发

1940 年
日本与纳粹德国签订协议

1941 年
日本偷袭珍珠港

1945 年 8 月 15 日
日本宣布无条件投降

1946 年 11 月
颁布"和平宪法"，实施议会内阁制

1947 年 5 月 3 日
和平宪法开始施行，实施议会内阁制，天皇无权参与国政

1952 年
日本的工业开始复苏

20 世纪 60 年代末
成为世界第二经济大国

1972 年 9 月 29 日
与中国建交

部的整个福井城，约有 3500 人在地震中丧生。日本最近的一次地震是发生于 2011 年 3 月 11 日的里氏 9.0 级地震，堪称日本有地震记录以来发生的最强烈地震，震中位于宫城县以东太平洋海域。地震随后引发强烈的海啸，并直接造成了日本福岛县第一核电站的严重核泄漏，此次灾害造成日本 8133 人死亡，失踪 12272 人。

日本国土中约 3/4 的面积都是山地，其余国土都在海岸附近。高高的山峰从狭窄的山谷中耸起。日本国内的最高峰是位于东京以西的富士山，它是一座死火山，海拔 3776 米。目前日本大概还有 60 座活火山。

大多数日本人都生活在沿海地区为数不多的平原上。但是，只有不到五分之一的土地被开垦并用于种植农作物。因为日本的山太过陡峭，除了树木几乎无法种植任何东西。

植物和野生动物

日本的山坡上遍布着茂密的松树、日本扁柏、云杉、山毛榉、橡树、雪松、冷杉和竹子。低地上还能看到热带棕榈和常绿植物。日本最美丽的景观之一是春天的樱花、李花和桃树。在夏天，红色的和白色的莲花在日本随处可见。在秋天，乡村里遍布着菊花，它是由日本皇室认定的国花，而樱花则是广大民众认可的国花。

在日本，花草得到了人们悉心的照料。日本的插花艺术十分有名，其中的代表性流派之一池坊流起源于中国隋唐时期的佛前供花，后逐渐衍生出其他派别。池坊流、小原流、草月流并称为当今日本三大插花流派。

在日本的四个岛屿上大约生活着 450 种鸟类，但是大型的野生动物在这里很稀有。狐狸、獾、水獭和黄鼬都是生活在这些岛屿上的小型动物。

► 购物者群集在东京的市中心。由于土地稀少,日本的城市都很拥挤。据说,在东京乘坐地铁的人甚至会把鞋挤掉。

农耕和渔业

虽然日本的可耕地不到1/5,但日本农民却种植出了国家所需要的绝大多数水果和蔬菜。日本农业以种植水稻、小麦、甘薯、豆类、甜菜和水果为主。蚕丝和茶叶是日本的重要物产。此外,日本神户地区的牛肉很出名,据说这与当地农民让牛喝啤酒以增进牛的食欲有关。

日本人的饮食以鱼和大米为主。由于四面环海,近海鱼类十分丰富,日本是世界捕鱼量最大的国家之一,也是重要的鱼类出口国之一。

▲ 一位日本农民戴着传统的草帽在稻田中种植水稻。日本有一半的可耕种用地都被用来种植水稻。日本充足的雨水(有些地区的年降水量可以达到2800毫米)以及温和的气候都确保了大米的高产量。

科技与经济

日本的经济曾居世界第二位(现在已被中国超越),仅位居美国之后,它的工业生产能力和国民经济生产总值均居世界前列。尽管日本拥有的自然资源极为有限,所需能源的90%都要依

▲ 在日本传统体育运动"相扑"中,两个体重至少有130千克的彪形大汉要尽力将对方推出圆形比赛区。

大开眼界

和服

　　和服是日本的传统民族服饰,它是在中国唐代服饰的基础上,经过1000多年的演变和发展形成的。和服种类繁多,男式和服与女士和服具有明显的差别。

　　男式和服色彩简洁单一,偏重黑色,款式较少,腰带细,附属品也很简单,穿着方便;而女式和服色彩缤纷艳丽,腰带很宽,而且种类、款式多样,还有许多附属品。人们会依据场合与时间的不同,选择不同的和服出席活动,以示郑重。

▲ 日本的地热资源十分丰富,国内分布着众多露天温泉,温泉周边景色也十分优美。泡温泉是日本国人十分喜爱的放松、度假活动,很多外国游客也纷纷慕名前往。

靠进口，但日本经济中的科技含量极高，并且凭借其高端的科技水平将本国产品推广到了世界上的许多其他国家，并深受欢迎。

日本的工业部门主要包括电子、钢铁、汽车、石油化工等方面，其中造船业居世界前列，造纸、陶瓷和食品业等产业也在世界上占有一定地位。

> **你知道吗？**
>
> **沐浴的乐趣**
>
> 许多日本的农民会和家人一起跳进浴池沐浴，在田地间辛苦劳作了一天后互相说说话，放松一下。村子中的浴室通常可以反映出当地的社会生活，而且这在日本的城市中也是一种很流行的放松方式。

日本的宗教

日本是多宗教国家，其中影响最大的是神道教和佛教。神道教是日本固有的民族宗教信仰，也是在日本历史上比较长的宗教。而日本佛教与中国佛教有着深远的渊源，日本的佛教是6世纪由中国和朝鲜传入的，至今已有1400多年的历史，与神道教一起并称为日本的两大宗教，在日本民众中影响也很大。

在历史发展过程中，佛教与日本民族文化相结合，既传承了中国等地的一些佛教派别，也形成了一些具有本民族特色的派别，主要包括净土真宗、日莲宗、净土宗、曹洞宗、天台宗、真言宗、黄檗宗、法相宗、华严宗、临济宗等。

天皇与幕府

根据传说，日本的第一个天皇是神武天皇，他在公元前660年统治着日本。尽管他和他的继承者们被视为神圣之人，但在10—11世纪时，皇室外戚藤原氏垄断政权长达200年之久，皇权开始旁落。12世纪末，日本进入由武士阶层掌握实权的军事封建国家，史称"幕府"时期，军人政权由幕府的将军主持。1637年，幕府将军害怕本国国民受到外国的影响，禁止了所有的对外贸易。在随后的200多年里，日本几乎与世界各国都失去了联系。直到1853年才在西方列强的胁迫下重开港口进行对外贸易。

明治维新

明治维新是日本历史上的一次政治革命。它推翻德川幕府，使大政归还天皇，在政治、经济和社会等方面实行大改革，促进日本的现代化和西方化。明治维新的主要领导人是一些青年武士，他们以"富国强兵"为口号，企图建立一个能同西方并驾齐驱的国家。1868年1月3日，维新强国的"倒幕派"成功发动政变，迫使德川幕府第15代将军德川庆喜交出政权，并由新即位的明治天皇颁布"王政复古"诏书，这就是日本历史上的"明治维新"。日本从此走上资本主义道路，揭开了近代史的帷幕。明治维新后，明治天皇迁都江户，并改名为东京，并从政治、经济、文教、外交等方面进行了一系列重大的改革。

明治维新运动带领日本进入了现代社会，日本国力逐渐强大起来。日本人在保持文化传统的同时，很快地接受了许多欧洲和美洲的观念，建起了自己的工业和军队。

东南亚

菲律宾

菲律宾群岛风光绮丽，椰树成林，湖光山色，多姿多彩。它还是一个多民族国家，融合了许多东西方的文化和风俗习惯，富有异国风情，是亚太地区著名的旅游胜地。

菲律宾位于亚洲东南部，北隔巴士海峡与中国台湾省遥遥相望，南部和西南部隔苏拉威西海、巴拉巴克海峡与印度尼西亚、马来西亚相对，东临太平洋，西濒南中国海。菲律宾由7000

▲ 在吕宋岛的巴纳韦村庄周围，有层层叠叠的古代水稻梯田。稻米是这个国家主要的粮食作物。

多个大小岛屿组成，是一个典型的群岛国家，其中著名的有吕宋岛、棉兰老岛、萨马岛等。它的海岸线全长1.8万多千米，属于季风型热带雨林气候，全年高温多雨，湿度大。年平均气温是27℃，年降水量是2000～3000毫米。

由于菲律宾处于太平洋和亚欧两大板块的交界处，所以它地震频繁，有很多火山。其中位于棉兰老岛南部的阿波火山海拔2954米，是全国的最高峰。

在菲律宾，森林面积1579公顷，覆盖率达53%。这里盛产昂贵的木材，如桃木、松木、乌木、檀木等。它的国花是茉莉花。这里的大型动物种类不多，常见的有鳄鱼、巨蟒和野牛；但是小动物种类丰富，有猫鼬、野猫、毒蛇，以及吃水果的蝙蝠等。菲律宾还盛产珍珠，珍珠被称为它的"国石"。

信仰天主教的国家

菲律宾是世界上第十二大人口国，其中马来族占全国人口的85%以上，有70多种语言，约85%的人信奉天主教，生活在这里的一些华人信奉佛教，还有少数的人信奉基督教新教和原始宗教。

▲ 兰斯部落的成员们穿着他们的传统服装。菲律宾至今都还有一些与世隔绝的部落，他们仍然保持着古老的风俗习惯。

事实档案

面积	29.97万平方千米
人口	约1.02亿
首都	马尼拉
政体	总统制内阁制
语言	母语为菲律宾语，官方语言为英语
宗教	天主教、基督教新教、佛教、原始宗教等
货币	菲律宾比索

菲律宾人的祖先来自亚洲大陆。在 14 世纪前后，这里出现了一些由土著部落和马来族移民构成的割据王国，其中最著名的是 14 世纪 70 年代兴起的海上强国——苏禄王国。1521 年，麦哲伦率领西班牙船队到达菲律宾群岛。1565 年，西班牙入侵菲律宾，并从此统治菲律宾长达 300 年之久。1898 年 6 月 12 日，菲律宾宣告独立，成立菲律宾共和国，但同年也沦为美国的殖民地。1942 年，日本法西斯占领菲律宾。二战结束后，它再次沦为美国的殖民地。1946 年 7 月 4 日，美国同意菲律宾独立。1987 年，菲律宾现行宪法生效，并规定行政、司法、立法三权分立，实行总统内阁制。1975 年 6 月 9 日与中国建交。

丰富的自然资源

菲律宾的自然资源丰富，铜矿的储量大约有 48 亿吨，金矿的储量大约有 1.36 亿吨，镍矿的储量有 10.9 亿吨。菲律宾巴拉望岛西北海域石油储量大约有 3.5 亿桶。菲律宾还有丰富的水产

▲ 紧邻吕宋岛帕吉亚森河的养鱼场。家家户户都住在自家的吊脚楼上，周围是完全由人工开垦的"田地"。

大事记

14 世纪 70 年代
苏禄王国兴起

1521 年
麦哲伦率领远洋船队到达菲律宾群岛

1565 年
西班牙开始统治并长达 300 年

1898 年
宣布独立,同年又沦为美国殖民地

1942—1945 年
菲律宾被日本占领

1946 年
脱离美国,获得独立

1975 年 6 月 9 日
与中国建交

1987 年
现行宪法生效,行政、立法、司法三权分立,实行总统内阁制

资源，鱼类品种多达2400种，其中最著名的是金枪鱼，它的出产量居世界前列。椰子、甘蔗、蕉麻和烟草是菲律宾的四大经济作物。

菲律宾以出口导向型经济为主，它的第三产业在国民经济中占有突出的地位，而农业和制造业也占有相当大的比重。它的农业人口占总人口的33%，主要的粮食作物有稻谷和玉米。

作为一个热带国家，菲律宾也盛产各种各样的水果，如椰子、香蕉、杧果、凤梨等，其中椰子的产量和出口量均在全世界的椰子总产量和出口量中占60%左右。旅游业是菲律宾外汇收入的主要来源之一，这里主要的旅游景点有百胜滩、蓝色港湾、碧瑶市、马荣火山、伊富高省原始梯田等。

文莱

> 由于拥有丰富的海洋石油资源，而且人口很少，所以文莱是一个面积虽小却相当富有的伊斯兰君主制国家。

文莱位于东南亚加里曼丹岛北部，是一个小国。它被马来西亚的沙捞越州分隔成了不相连的东西两部分。境内地势南高北低，东部地区有着褶皱强烈的砂岩和页岩，西部地区开阔平坦。巴干山海拔1850米，是全国的最高峰。境内河流众多，都发源于南部的丘陵地带。文莱位于赤道以北仅400千米的地方，因此气候炎热潮湿，内陆山区的降雨量很大。这个国家81%的土地都覆盖着茂密的森林，并且保护得很好，因为石油已经为国民提供了充足的收入，他们不需要再靠出口木材赚钱。除了石油和天然气，这个国家也出产橡胶、胡椒和水稻。这里的野生动物资源很丰富，有狮子、老虎、猴子、蜥蜴、蛇和许多鸟类。在红树林沼泽中，鳄鱼十分常见。

免税天堂

文莱是世界上最富有的国家之一，它的居民主要是马来人（66.4%）和华人（11%）。这里的公民不需要付个人所得税，而且他们可以享受免费的医疗和社会服务。大多数文莱人都是穆斯林，信仰伊斯兰教。

文莱古称渤泥，14世纪中叶伊斯兰教传入，建立苏丹国。从16世纪中叶开始，陆续遭到了葡萄牙、西班牙、荷兰和英国的侵略，1888年沦为了英国的保护国。1941年，这里被日本占领，

▲ 文莱花费了大量的钱财兴建公共建筑。最宏伟的建筑之一是1958年由苏丹赛夫丁修建的清真寺。它是东南亚最大的清真寺之一。

日本在第二次世界大战中战败后，英国恢复了对这里的控制权。1971年，文莱获得了内部独立，1984年1月1日正式独立，成为一个由苏丹统治的君主制国家。苏丹拥有立法、行政和司法权力。1991年9月30日，文莱与中国建立了外交关系。

事实档案

面积 5765平方千米
人口 约42.27万
首都 斯里巴加湾市
政体 君主制
语言 国语为马来语，通用英语，华语使用较为广泛
宗教 国教为伊斯兰教，也有佛教、基督教新教
货币 文莱元

马来西亚

经过30多年的发展，今天的马来西亚已经是亚洲经济实力最强的国家之一。它不仅拥有富饶的天然资源，而且还是强大的制造业基地。大部分产品都供出口。

马来西亚由马来亚、沙捞越和沙巴组成。马来西亚的地势北高南低，中部是山地；东西两岸是沿海平原，地势低平，沼泽广布。沙捞越的西部沿海是平原，东部边境是山地，内地是丘陵和山地。沙巴的东西部沿海都是平原，内地的大部分地区都是山地，其中克罗克山东北端的主峰基纳巴卢山海拔4101米，是全国最高峰。这个国家属于热带雨林气候，全年炎热多雨。

▲ 在马来西亚半岛东海岸丁加奴州的一个渔村中，整齐地排列着各种各样的渔船。渔业是马来西亚的重要产业之一。

▲ 首都吉隆坡建于1857年。今天，它是马来西亚的经济中心。图中塔形圆顶的建筑是政府机关，旁边是现代银行的摩天大楼。

广袤的沼泽和多彩的民族

在马来西亚的丛林中，有各种奇异的植物和动物。仅仅在它的西部地区，就有800多个兰花品种。这里还有各种各样的竹子、爬行植物和稀有的硬木。野生动物有老虎、猴子、豹、大象等。狐蝠、飞鼠、狐猴都在森林中滑翔。沿海的红树林沼泽中还有大量鳄鱼、巨蟒、眼镜王蛇。作为与人类关系最近的灵长目动物，猩猩在这里也很常见。

大约50%的马来人都信仰伊斯兰教。从1830年左右开始，在随后100多年里，不少中国人和印度人移民到马来西亚工作和定居，他们大约占总人口的1/3。在沙捞越州以北的地区，还生活着迪雅克人和其他一些原始部落。大多数部落人都居住在村子的长屋里。

由于拥有多姿多彩的民族和文化，所以在当地饮食中，能同时看到马来饮食、中国饮食与印度饮食的特点。大米和面条是人们的主要食品，在肉类和鱼类食品中，马来人喜欢添加辣椒酱等调料。大多数人都生活在马来半岛西部，都接受过很好的教育。

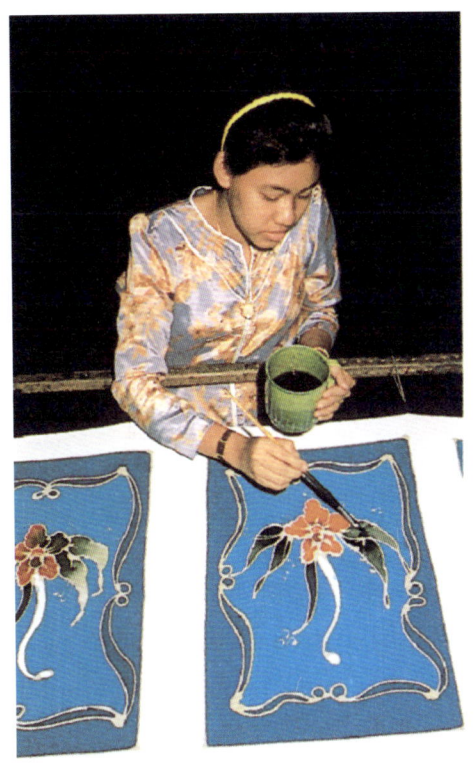
▲ 在吉兰丹州北部的哥打巴鲁，一名马来妇女正把蜡涂到蜡染印花布上。蜡染是用蜡和颜料装饰布料。因为需要把每种颜料单独涂到布料上，所以制作速度很慢。这种工艺主要用来制造漂亮的丝巾、壁挂和服饰。

历史和经济

1世纪初，马来半岛上就建起了羯荼、狼牙修等古国。15世纪初，马六甲王国统一了马来半岛的大部分地区。从16世纪开始，它陆续被葡萄牙、荷兰、英国侵占，并于1911年沦为英国的殖民地。在历史上，沙捞越和沙巴本来属于文莱，1888年沦为英国保护地，第二次世界大战期间这几个地方都被日本人占领，战后英国又恢复了在这里的殖民统治。1957年8月31日，马来亚联合邦在英联邦内获得独立，1963

事实档案

面积	33万平方千米
人口	约3266万
首都	吉隆坡
政体	君主立宪制
语言	国语为马来语，通用英语，华语使用较广泛
宗教	伊斯兰教、佛教、印度教、基督教新教等
货币	林吉特

▶ 迪雅克部落的男人正在长屋中演奏音乐。迪雅克是马来西亚的几个古老部落之一,他们仍然保留着古老的生活方式。

年与新加坡、沙捞越、沙巴合并组成马来西亚（新加坡在1965年退出）。1974年5月31日与中国建交。

这个国家的自然资源很丰富，曾是世界著名的产锡大国，近年来产量逐年减少。石油和天然气也有丰富的储量。这里还盛产热带硬木，森林覆盖率在75%左右。加工工业很发达，尤其是电子、汽车等。农业以经济作物为主，橡胶、棕榈油和胡椒的产量和出口量都位居世界前列。渔业以近海捕捞为主。服务业为国民经济支柱之一，旅游业是第三大经济支柱，第二大外汇收入来源。

印度尼西亚

印度尼西亚位于亚洲东南部，地跨赤道。北部的加里曼丹岛与马来西亚接壤，东部的伊里安岛与巴布亚新几内亚相连，并与菲律宾、新加坡、澳大利亚等国隔海相望。这里拥有丰富的自然资源、众多的民族和多元的文化。

印度尼西亚是世界上最大的群岛国家，由17504个大小岛屿组成。这些岛屿分散在印度洋和太平洋上，从东到西绵延5000多千米，海岸线长达54716千米。印度尼西亚还是一个"火山之国"，全国有400多座火山，其中100多座火山都是活火山，使得这里地震频繁。1883年，喀拉喀托火山爆发，大量的火山灰被喷射到大气中，以至于在随后的若干年内，全球的气候大受影响。印度尼西亚位于热带地区，气候炎热，潮湿多雨，大多数地区的年降雨量都在2000毫米以上。这个国家拥有大面积的热带雨林，肥沃的火山土壤上面长着各种各样的热带果树和鲜花。在西部的岛屿上生活着大量野生动物，如大象、犀牛、老虎、猩猩和小型鼷鹿。在东部的岛屿上栖息着许多美丽奇特的鸟，如凤头鹦鹉、园丁鸟和极乐鸟。喜食水果的马来大狐蝠随处可见。

◀ 印度尼西亚拥有迷人的海滩、美丽的岛屿、多姿多彩的民俗风情和辉煌灿烂的历史古迹，因此成为许多人心目中的旅游胜地。图中这些孩子正在海边嬉戏玩耍。

爪哇岛是印度尼西亚最大的岛屿之一，全国约有60%的人口居住在这里。大多数印度尼西亚人都信奉伊斯兰教，是世界上穆斯林人口最多的国家。此外，在印度尼西亚还有一些人信仰基督教、天主教、佛教、印度教等。

艺术和经济

印度尼西亚有100多个民族，分布在6000多个岛屿之上。许多民族都有自己独特的文化和艺术。哇扬戏（也称木偶戏）是印度尼西亚有名的传统民间戏剧，用于演出的木偶做工极其精细。游客和当地人都很喜欢爪哇的蜡染艺术，即通过上蜡和浸染等工艺，在纺织物上绘出美丽而复杂的图案。在许多岛屿上，石雕、象牙雕和骨雕手工艺品也很受欢迎。

大米是印度尼西亚最重要的农作物，也是大多数印度尼西亚人的主食。其他的农作物还有玉米、蔗糖、木薯（可以制成木薯粉）。许多农产品都用于出口，如橡胶、干椰子肉和香料。印度尼西亚的矿产资源非常丰富，有石油、天

▲ 首都雅加达是东南亚第一大城市，人口958.8多万。这里气候宜人，风光秀丽，街道上车水马龙，非常繁华。

▲ 科莫多岛位于弗洛勒斯岛附近，这里是科莫多巨蜥的家园。科莫多巨蜥能长到3.5米长，是世界上最大的蜥蜴。

◀ 图中这名印度尼西亚妇女正在爪哇岛上采摘茶叶。除了茶叶，印度尼西亚的香料也非常有名。几个世纪以来，马鲁古群岛一直以盛产香料闻名，被人们誉为"香料岛"。

然气、煤、锡、铝矾土、镍等，其中石油和锡的储量非常大。每年，印度尼西亚都要向日本出口大量的液化天然气。

印度尼西亚政府鼓励各地发展工业，尤其是在人口众多的爪哇岛。主要的工业部门有采矿、原料加工、装配制造业、纺织和轻工业，化肥、水泥和造船业也具有一定规模。雅加达、三宝垄、泗水都是重要的造船中心。旅游业发展迅猛，已经成为外汇收入的主要来源。巴厘岛、婆罗浮屠佛塔、缩影公园、日惹苏丹王宫、多巴湖都是著名的景点。

事实档案

面积 191.4万平方千米
人口 约2.62亿
首都 雅加达
政体 总统制
语言 官方语言为印尼语，民族语言有200多种
宗教 伊斯兰教、基督教新教、天主教、印度教、佛教和原始拜物教
货币 印度尼西亚盾

你知道吗？

迪雅克部族

迪雅克部族生活在加里曼丹岛上的丛林深处，通常集体居住在大型的棚屋之中。迪雅克人身体强悍，喜爱文身。他们也会制作精美的手工艺品。

印度尼西亚的历史

印度尼西亚具有悠久的历史。3世纪至7世纪,出现了一些分散的封建王国。13世纪末至14世纪初,在爪哇建立了强大的麻喏巴歇封建帝国。15世纪,葡萄牙、西班牙和英国先后侵入印度尼西亚。1596年,荷兰侵入。1602年,荷兰在印度尼西亚成立了具有政府职能的"东印度公司"。1799年底,改设殖民政府。1942年,日本占领印度尼西亚。1945年日本投降后,印度尼西亚爆发了八月革命,并于8月17日宣布独立,成立印度尼西亚共和国。1949年12月,改为印度尼西亚联邦共和国,加入荷印联邦。1950年8月,印度尼西亚联邦议院通过临时宪法,正式宣布恢复为印度尼西亚共和国。1954年,脱离荷印联邦。1950年4月13日与中国建交。

新加坡

新加坡坐落在马来半岛的最南端,是世界上面积最小的国家之一。但是这里的人口密度很大,经济非常发达,是亚洲近年来发展得最为成功的国家之一。

横跨狭窄的柔佛海峡的公路和铁路长堤,将新加坡岛和马来西亚连接了起来。多数新加坡人都生活在主岛上,除主岛外,还有50多个小岛。海岸边的红树林沼泽地和内陆起伏的群山,构成了一道亮丽的风景。新加坡的最南面距离赤道只有140千米,因此这里的气候总是炎热潮湿的,而且经常有大暴雨。

新加坡的首都是新加坡市,这里的摩天大楼鳞次栉比。办公楼、银行、宾馆和政府大楼位于市中心,市中心外是配套齐备的居民区。许多公寓都建在新型社区中,社区里配备有学校、诊所和超市。政府鼓励建筑商建造高楼,以节省土地,但是市内仍有一些破旧的老房子,与摩天大楼形成了鲜明的对比。在新加坡,华人占总人口数的75%。

在市中心和新型社区外,还留有几个村子,在村子里可以看到整齐的蔬菜园、果园和猪舍。但是由于可供种植粮食作物的土地少之又少,因此粮食基本全部依靠进口。为了获得更多的居住和工业生产空间,开发商们已经开始开垦沼泽地。

新加坡人靠贸易和工业生产维生,这里有炼油(事实上,新加坡是世界上第三大炼油中心)和石油化工、造船和钻井平台建造、电子和电器等重要工业部门。新加坡拥有现代的公路和高速公路系统,城市地铁也很发达。这里还是世界上最繁忙的港口之一,樟

▲ 现代化的新加坡有着高耸入云的摩天大楼,显示了其作为世界重要贸易国的地位。图中的广场和前面的一些古老建筑是旧时的英国殖民中心。

宜国际机场是联系亚洲、欧洲、大洋洲的航空枢纽。新加坡市也是亚洲重要的金融中心。由于旅游业的蓬勃发展，许多新的宾馆兴建起来。这里的著名旅游景点有圣淘沙岛、植物园、夜间动物园等。

事实档案

面积	724.4平方千米
人口	约564万
首都	新加坡市
政体	共和制
语言	国语为马来语，官方语言为英语、华语、马来语、泰米尔语
宗教	佛教、道教、印度教、伊斯兰教、基督教新教等
货币	新加坡元

狮城的历史

"新加坡"一词的意思是"狮城"，古代又叫"淡马锡"。它于8世纪建国，18—19世纪归属于马来亚柔佛王国，1824年成为英属海峡殖民地的一部分。第二次世界大战中曾被日本占领，1946年，被英国从马来亚中分离出来，成为直辖殖民地。1959年成为自治邦，1963年与马来亚、沙巴、沙捞越组成马来西亚联邦，1965年8月9日又独立出来，成立了新加坡共和国。1990年10月3日，新加坡与中国建交。

越南

在历史上,越南经历了不少的苦难。但不管怎么样,在重重的磨难之后,它仍然生存了下来,并逐渐成为东南亚地区的一个在政治上和经济上都具有相应实力的国家。

越南位于中南半岛的东部,它的形状就像是一个英文字母S形。它的地形主要是山地和高原,大约占全国总面积的3/4。全国的最高峰是位于越南西北部黄连山的番西邦峰,海拔3142米,也是中南半岛上的最高点。平原只占越南总面积的1/4左右,主要分布在北部的红河三角洲、南部的湄公河三角洲,以及两大三角洲之间的地方。

▲ 在越南的南部地区,村民们捕鱼是一件比较容易的事情。由于村民们的房子是用高脚架架在水面上的,所以,鱼儿们会自己游到村民们的家门前。不过,生活有时也是很艰难的。当台风袭来,这些建在水上的房子就会被摧毁。

事实档案

面积 32.96万平方千米
人口 约9620万
首都 河内
语言 通用越南语
宗教 佛教、天主教、和好教、高台教等
货币 越南盾

大事记

968 年
成为独立的封建国家

1858 年
法国入侵

1884 年
沦为法国的保护国

第二次世界大战期间
被日本侵占

1945 年 9 月
独立,成为越南民主共和国;法国再度入侵

1954 年
北方解放,南方仍由法国统治,后成立亲美政权

1961 年
抗美救国战争

1973 年
与美国签署和平协定

1975 年 5 月
抗美救国战争结束

1976 年 7 月
越南宣布全国统一,定国名为越南社会主义共和国

河流和气候

越南境内多河流,有大大小小的河流 1000 条左右,其中最主要有发源于中国青藏高原的湄公河,它流经缅甸、泰国、老挝边境,经柬埔寨,最后流入越南南部,在越南境内全长 230 千米。因为湄公河在最后入海前分成了 9 条支流,所以越南人也称它为九龙江。

▲ 农民们在稻田里插秧。这些水稻主要种植在三角洲地区。稻米是越南的主要食物。

▲ 位于越南芽庄的这个巨大的佛塔（也称中国庙），是佛教在越南鼎盛时期的一个见证。

越南的另一条大河——红河发源于中国的云南省，这条河的水色是土红色的。它在越南境内的长度是508千米，主要支流有沱江、泸江。

越南属于热带季风气候，气温高、湿度大，风雨较多，旱季和雨季很明显。全国绝大部分地区的年平均气温在22℃以上。其中，7月份最热，1月份最冷。各地年降水量大都在1500毫米以上，山地降雨多于平原。雨季是每年的5月到10月，旱季在每年的11月到第二年4月。越南北部地区的气候和南部地区的气候有一些不同。北方地区四季分明，夏季炎热，冬季凉爽；南部的海云关是越南的一个很出名的地方，这里是一片充满阳光的土地，全年要么温暖，要么炎热。

资源和经济

越南有丰富的矿物资源，像煤、铁、铬、锡、磷灰石、锌、铝、铅、锰等，都有比较大的储量。山林面积大约占全国面积的50%，出产各种贵重木材、竹子、特产、名贵药材等。河流的流域和沿海地带的渔业资源丰富。

越南是世界上的不发达国家之一，主要以农业经济为主，农业人口占全国人口的 80% 左右，主要的农作物有玉米、甘薯、木薯、天然橡胶、黄麻、甘蔗、咖啡、茶、烟叶、香蕉、椰子、柑橘等。不过，近年来，它的工业发展较快，已经有了一些基础的工业设施，像重工业、轻工业和食品工业，都有初步的发展。它的主要工业部门有冶金、机械、煤炭、电力、化学、纺织、造纸、建材、天然气、原油、液化气等。

越南的主要出口产品是原油、煤、磷灰土、橡胶、手工艺品、农产品；主要的进口产品是机器、汽车、成品油、化肥、布匹等。它的主要贸易对象是日本、欧盟和东盟等。

越南在 1950 年 1 月 18 日与中国正式建立外交关系。由于它是一个有多种宗教并存的国家，所以，在与越南人民的交往中，要特别注意他们信仰的宗教以及相应的礼节。

你知道吗？

有多少条龙？

在越南，人们把湄公河称为九龙江。但实际上，在湄公河的三角洲上，只有 8 条支流。不过对越南人来说，8 却是一个不吉利的数字。所幸的是，人们后来又在河流的入海处，发现了另有一条小小的支流进入一个新的入海口，于是，就凑足了数字 9，并称这条小小的支流为第九条龙。

▼ 湄公河三角洲附近的迪石城是一个典型的越南城镇，这里没有一辆汽车。

柬埔寨

> 尽管曾经一度在历史上多灾多难，但是柬埔寨仍然是一片美丽而肥沃的土地。

柬埔寨位于亚洲的中南半岛的南部，它的西部和北部是山地，其中豆蔻山脉的奥拉山海拔1813米，是全国最高峰；它的东北部是从东向西倾斜的高原；它的中部和南部地区是平原；在沿海地带多岛屿。湄公河在柬埔寨的东部地区，从北向南纵贯整个国家。这里有中南半岛最大的湖泊——洞里萨湖。

柬埔寨属于热带季风气候，全年四季温暖，降水量的差异比较大。主要的矿产资源有金、磷酸盐、宝石、石油，以及少量的铁、煤等。全国有35%的土地面积覆盖着茂密的森林，出产柚木、黑檀木等贵重木材。农业是这个国家的经济基础，主要出产的农作物有稻谷、玉米、豆类、薯类等。柬埔寨也是一个旅游观光国家，吴哥窟闻名世界。不过，这个国家的工业基础比较薄弱，工业的种类单一，主要以服装纺织、木材加工为主。总的来说，这个国家在经济上严重依靠外援。由于这里河道纵横、沼泽密布，所以，交通以公路和内河运输为主，摩托车是主要的代步工具。

▼ 柬埔寨的建筑艺术在9—12世纪达到了巅峰。下图是有名的吴哥窟。在20世纪70年代，柬埔寨的很多佛教僧侣都受到战乱的牵连，3000多座寺庙也在这一时期被毁灭殆尽。

事实档案

面积 18万平方千米

人口 约1480万

首都 金边

政体 君主立宪制

语言 官方语言是高棉语、英语和法语，通用高棉语

宗教 信奉佛教、伊斯兰教、天主教

货币 瑞尔

柬埔寨具有悠久的历史。1世纪，这里就建立了扶南王国，在7世纪时它被真腊兼并，9—14世纪时属于吴哥王朝的鼎盛时期，享誉世界的吴哥文明就诞生在这个时候。在16世纪时，它改称柬埔寨。19世纪时，它又成了暹罗和越南的属国，并在1863年沦为法国的保护国。1940—1945年，在第二次世界大战中，它被日本占领。1945年日本投降，柬埔寨再次被法国占领，直到1953年11月9日才独立为柬埔寨王国。1970年3月，朗诺政变，建立了高棉共和国。1976年改国名为民主柬埔寨，废除了君主立宪制。1978年，越南出兵柬埔寨，成立"柬埔寨人民共和国"。1982年，抵抗力量组成民主柬埔寨联合政府。1993年又恢复了君主立宪制。1958年7月19日与中国建交。

老挝

老挝是东南亚的一个内陆国,是一个多山的国家。湄公河发源于中国的青藏高原,从北向南纵贯这个国家。老挝的人口主要集中在湄公河沿岸。

老挝位于亚洲的中南半岛,是一个内陆国家。这里的地形主要是山地和高原,地势北高南低。其中地势最高的是上寮地区,被称为"印度支那屋脊";川圹高原被称为"老挝屋脊",位于川圹高原南边的普比亚山是全国的最高峰,海拔2820米。在这些群山和高原上,生长着茂密的森林。全国最大的河流是湄公河,首都万象就坐落在它的北岸。这里属于热带和亚热带季风气候,全年有明显的旱、雨两季。

▲ 这是位于老挝卡西镇附近的一个农场,里面种植了许多高大的椰子树。这个农场看上去是那么的平静。

这里的主要矿产资源有锡、石膏等。国民经济以农业为主，主要农作物是水稻。主要的出口产品是咖啡、木材、锡。安息香是它的传统特产。它的工业基础很薄弱，以轻工业为主，主要行业有锯木、碾米等，也有以开采锡矿为主的采矿业。近几年来，它的旅游业也日益发展，万象塔銮、玉佛寺、瓦普庙等，都是有名的观光景点。大多数老挝人都是虔诚的佛教徒。

在老挝的历史上，最为鼎盛的时期是在1353年的澜沧王国时期。1779年至19世纪中叶，它被暹罗征服。1893年，它又沦为法国的保护国。在1940到1945年的第二次世界大战时期，在日本法西斯的铁蹄之下，它又饱受蹂躏。日本投降后，它于1945年10月12日宣布独立。但紧随着在1946年，法国再次入侵，1954年法国撤军后又遭到了美国的入侵。它的历史可谓是多灾多难。1975年12月，老挝废除君主制，成立了老挝人民民主共和国。1961年4月25日正式与中国建立外交关系。

事实档案

面积	23.68万平方千米
人口	约700万
首都	万象
政体	共和制
语言	通用老挝语
宗教	主要信奉佛教
货币	基普

泰国

在历史上，泰国曾经一度被称为暹罗，1939年才重新改国名为泰国。因为在东南亚地区的历史上，它是唯一不曾沦为殖民地的国家，所以才用泰国这个国名来喻示它是一块康泰平安的自由之地。

泰国位于东南亚中南半岛的中南部。它的东南与柬埔寨接壤，东北和老挝相连，西北和西部都与缅甸毗连。在它的东南部是狭长的马来半岛，与马来西亚为邻，东南临泰国湾，西南临安达曼海。它的海岸线长约2600千米。整片国土东西部最宽约780千米，南北延伸长达约1600千米。

▲ 这是泰国的玉佛寺。它紧邻泰国王宫的北面，是泰国庙宇中最崇高的代表。寺中供奉着高达78厘米的碧玉佛像。这尊佛像身披金衣，每年泰王会亲自为它更衣3次。

地形和气候

这个国家境内大部分地区都是低缓的山地和高原。它的地势北高南低,北部和西部是山地,全国的最高峰是因他暖山,海拔 2595 米。它的东北部是海拔 150～300 米的呵叻高原,中部是以昭披耶河(湄南河)流域为主的平原地区。昭披耶河(湄南河)纵贯南北,全长 1200 千米,流域面积达 15 万平方千米,主要支流有难河、永河、宾河、巴塞河等。在马来半岛地区的河流大多是发源于山地的小溪,其中最重要的是北大年河。较大的湖泊有马来半岛上的銮湖。全国大型的人工湖泊有母拉碧湖、兰保水库和乌汶拉水库等。

泰国的大部分地区都是热带季风气候,它的沿海平原是热带雨林气候。全年可以分为两个季节:每年 11 月到次年 4 月是旱季,每年 5 月到 10 月是雨季。年降水量 1000～2000 毫米,其中山地和沿海地区的降水量平均可达 3000 毫米以上。

资源和经济

这里的主要矿产资源有钾盐、锡、褐煤、油页岩、天然气、锌、铅、钨、铁、锑、铬、重晶石、宝石、石油等。钾盐的储量居世界首位,锡的储量占全世界储量的 12%。油页岩、褐煤、

▲ 泰国日益成为受世界各地的旅游者欢迎的度假胜地。在迷人的海边,游人们可以充分享受到便利的服务设施。

▲ 泰国人的饮食与当地气候有很大关系。他们的主要粮食是水稻。泰国人经常用辛辣的菜肴拌食米饭，这些辣菜是用辣椒、椰子和花生制作的。瞧，在这忙碌的河岸边的市场上，商家正忙着推销当地的特产，顾客挑选自己喜爱的产品，包括红辣椒和西瓜。

天然气等矿物的蕴藏量也很大。森林的覆盖率约为25%，这里有各种热带常绿乔木和季风林木，像榕树、榉树、金鸡纳树、柚树、铁树、杧果树等。内河和泰国湾盛产各种鱼类。

泰国经济以农业为主，农产品是外汇收入的主要来源之一，主要农作物有稻米、玉米、橡胶、木薯、甘蔗、绿豆、麻、烟草、咖啡豆、棉花、棕油、椰子果等，它还是世界上著名的大米生产和出口国。橡胶的产量居世界首位。这里的海产品丰富，泰国政府大力发展淡水养殖业，

事实档案

- **面积** 51.3万平方千米
- **人口** 约6900万
- **首都** 曼谷
- **政体** 君主立宪制
- **语言** 泰语为国语
- **宗教** 佛教为国教
- **货币** 铢

它是亚洲海产大国和世界产虾大国。泰国主要的工业部门有采矿、纺织、电子、塑料、汽车装配、建材、石油化工等。旅游业发展很快，已经成为外汇收入的主要来源之一，其中清迈、帕塔亚、合艾和普吉岛是全国四大旅游中心。它的主要出口产品有大米、橡胶、木薯、蔗糖、纺织品、集成电路、珠宝、加工食品等；主要进口燃料、化工产品、机械设备、汽车零配件、木材等；主要贸易对象是日本、美国、新加坡、马来西亚、中国、韩国、欧盟及东盟其他国家。

历史和文化

泰国在 1238 年才开始逐步形成统一的国家。它先后经历了素可泰王朝、大城王朝、吞武里王朝和曼谷王朝。从 16 世纪开始，它先后受到了葡萄牙、荷兰、英国、法国等西方殖民主义者的侵略。在 19 世纪末，曼谷王朝的五世王仿效西方进行社会改革。1896 年，英、法签订条约，规定它为英属缅甸和法属印度支那之间的缓冲国，并成为东南亚唯一没有沦为殖民地的国家。1932 年改君主专制为君主立宪制。1939 年改国名为泰国。1975 年 7 月 1 日，泰国与中国正式建交。

佛教是泰国的国教，所以佛教在泰国十分重要。全国有很多的寺庙。许多寺庙都非常壮观，金碧辉煌、色彩绚丽，寺庙中供奉着众多的佛像。据说在泰国大约有 2.7 万个寺庙，其中在曼谷大约就有 300 个。在泰国国内，随处都能看见身披黄色袈裟化缘的僧侣。

大开眼界

礼物移交

在佛教中，不允许和尚直接从女人的手中接受礼品。女人必须先把礼品递给一个沙弥（初入佛门的人），或者先把礼品放在一块布上，和尚才能再接触礼品。

缅甸

缅甸地处热带,其主要河流伊洛瓦底江贯穿全国。古老文明的遗迹、悠久的宗教传统和沦为殖民地的历史塑造了今天的缅甸。

缅甸西部濒临孟加拉湾,东部和北部毗邻泰国、老挝和中国,西部与印度、孟加拉国接壤。萨尔温江、锡当河和伊洛瓦底江由北至南贯穿缅甸全国,其间分布着许多山脉。伊洛瓦底江是缅甸人的母亲河,全长2714千米,其中有1448千米适于航行。开卡博峰海拔5881米,为全国最高峰。缅甸东部沿海是遍布礁石和岛屿的孟加拉湾。缅甸属季风气候,每年5月至9月是雨季,全年高温。

缅甸的森林覆盖率约为50%,森林里生活着许多野生动物。大象生活在密林深处,熊出没在山上,另外还能发现野生水牛和豹子的踪影。长臂猿经常出没,但赤鹿和老虎却不常见。在

▲ 仰光大金塔是仰光最迷人的景点之一,它在众多较小建筑的簇拥下熠熠生辉。塔内存放着许多佛教物品,塔顶镶嵌着钻石。

事实档案

面积 67.66 万平方千米
人口 约 5390 万
首都 内比都
政体 总统制
语言 官方语言为缅甸语，各少数民族均有自己的语言
宗教 佛教、伊斯兰教
货币 缅币

▲ 农夫们在曼德勒附近的阿马拉布拉的土地上耕作。阿马拉布拉城曾经是贡榜王朝的都城。这里的东塔曼湖每到旱季就会干涸，湖面会消失。

缅甸北部的中心地区，地势平坦开阔，适宜种植棉花、花生、高粱这样的农作物。稻米是这个国家的主要粮食作物，被广泛种植。稻田里一般用水牛耕作，黄牛则被用在其他类型的农业生产中。尽管水稻曾经是缅甸的主要出口农作物，但是第二次世界大战以后，水稻的出口量呈下降趋势。柚木和其他硬木是目前缅甸最具价值的出口产品，森林资源在政府的统一控制之中。大象被用来搬运木材。此外，缅甸还有丰富的石油资源和矿产，如锡、铜、银、铝、云母等，它的宝石和玉石享有盛誉。缅甸有石油开采和小型机械制造等重要工业部门。这个国家的交通以水运为主，铁路多为窄轨。

宗教信仰

缅甸是著名的"佛教之国"，大约85%的缅甸人都是佛教徒。但是当地也有许多部落使用自己的语言，崇拜自己的神灵——森林之神和山神。这些古老神灵的神龛有时被建在树上，人们遇到困难的时候，就会去求助神灵。

缅甸最大的城市仰光拥有 500 多万人口，是一个繁荣的港口城市。像缅甸的另一大都市曼德勒一样，仰光也因风格多样的建筑而闻名，这些建筑反映了缅甸纷繁复杂的历史文化。

为民族独立而战

这个国家的北部，曾经是缅甸蒲甘王朝的都城遗址，至今还可以见到废弃的神殿和庙宇。据考证，这里的许多神殿和庙宇都建于 10 世纪至 11 世纪——蒲甘王朝的鼎盛时期。蒲甘王朝的统治在 13 世纪结束，从那时起直到 19 世纪，缅甸的王族和贵族为了争夺领土，频繁发动战争。

1885 年，英国大举入侵曼德勒，缅甸成为英属印度的一个省。1937 年改由英国总督直接统

▼ 在蒲甘王朝的鼎盛时期，蒲甘城以"万塔之城"而闻名。但在 20 世纪 90 年代，那些古代宫殿的花园被农民种上了庄稼。

治。1942—1945年被日本占领。1945年3月缅甸光复，后来又重新被英国控制。1948年，缅甸完全摆脱英国的殖民统治，彻底独立，建立缅甸联邦。1974年改名为缅甸联邦社会主义共和国，1988年又改称缅甸联邦。缅甸于1950年6月8日与中国建交。